Marmeladen & Eingemachtes

Marmeladen & Eingemachtes

Gina Steer

Parragon

Bath • New York • Cologne • Melbourne • Delhi
Hong Kong • Shenzhen • Singapore

Entwurf und Realisation: Bridgewater Book Company Ltd.
Fotografien: Clive Bozzard-Hill
Fachliche Beratung: Valerie Barrett und Sandra Baddeley

Parragon Books Ltd
Chartist House
15–17 Trim Street
Bath BA1 1HA, UK

www.parragon.com

Übersetzung, Satz und Projektmanagement:
Lesezeichen Verlagsdienste, Köln
Lektorat: Gisa Roudil d'Ajoux-Hillebrand
Koordination: trans texas publishing, Köln
Umschlaggestaltung: My Linh Nguyen

ISBN 978-1-4748-6041-3
Printed in China

Hinweis
Sofern die Schale von Zitrusfrüchten benötigt wird, verwenden Sie unbedingt unbehandelte Früchte. Sind Zutaten in Löffeln angegeben, ist immer ein gestrichener Löffel gemeint: Ein Teelöffel entspricht 5 ml, ein Esslöffel 15 ml. Bei Eiern ist immer die Größe M gemeint. Die angegebenen Zeiten können von den tatsächlichen leicht abweichen, da je nach verwendeter Zubereitungsmethode und vorhandenem Herdtyp Schwankungen auftreten.

Inhalt

Einleitung

Auch die moderne Hausfrau schaut in der Speisekammer oder im kühlen Keller gern stolz auf ein Regal voll mit selbst Eingekochtem. Ob süß oder sauer, mit oder ohne Fruchtstückchen – es gibt einfach nichts Besseres. „Warum?“, werden Sie vielleicht fragen. Nun, das ist leicht zu beantworten. Bei Produkten aus eigener Herstellung haben Sie schließlich die volle Kontrolle über die verwendeten Inhaltsstoffe. Künstliche Konservierungs-, Hilfs- oder Farbstoffe kommen da gar nicht zum Einsatz. Sie wählen die Früchte selbst aus, greifen vielleicht zu Obst und Gemüse aus biologischem Anbau oder zur Ernte aus dem eigenen Garten. Außerdem haben Sie mit einem schönen Glas Konfitüre oder Aufstrich immer ein persönliches Geschenk zur Hand, das jedermann sich mit Vergnügen schenken lässt.

Ausstattung

Zum Einkochen brauchen Sie eigentlich kein spezielles Kochgeschirr, aber wenn Sie oft und viel einkochen, gibt es doch einige Utensilien, die das Küchenleben erleichtern.

Großer Topf – Das wichtigste Teil zum Einkochen ist natürlich ein großer Topf mit 5–10 l Volumen. Am besten ist ein schwerer Topf aus Emaille, Edelstahl oder verzinntem Kupfer. Ein großer Durchmesser ist gut, damit beim Einkochen viel Flüssigkeit verdampfen kann. Zwei Kunststoffgriffe erleichtern das Hantieren. Für Produkte mit Säure (zum Beispiel Chutneys) eignen sich nur Töpfe, deren Innenseite nicht mit der Säure reagiert, etwa Emaille, Edelstahl oder eine Beschichtung (kein Eisen). Auch bei der Herstellung von großen Obstmengen darf der Topf vor dem Kochen nicht mehr als halb gefüllt sein, sonst kocht das Gemisch später über. Ein gut schließender Deckel ist erforderlich für Obst und Gemüse, das längere Zeit köcheln muss, damit nicht zu viel Flüssigkeit durch Verdampfen entweicht.

Schaumlöffel – Mit einem Schaumlöffel kann man übermäßig entstandenen Schaum abschöpfen oder an der Oberfläche schwimmende Kerne herausfischen.

Koch- oder Zuckerthermometer – Mithilfe eines speziellen Thermometers lässt sich die optimale Temperatur zum Eindicken bestimmen.

Seihtuch mit Ständer – Wenn Sie Glück haben, finden Sie im Fachhandel oder auf dem Flohmarkt eine solche Apparatur, in die man ein passend zugeschnittenes Seihtuch fest einklemmen kann, mit einer zugehörigen Auffangschüssel. Die Konstruktion ist aber auch leicht zu improvisieren: Stellen Sie einen Hocker oder einen normalen Küchenstuhl mit vier Beinen kopfüber mit der Sitzfläche auf den Tisch. An den Beinen knoten Sie ein ausreichend großes Seihtuch fest und stellen einfach eine große Schüssel darunter. Obst und Wasser werden lange ohne Zuckerzusatz gekocht und dann in das Seihtuch gefüllt. Ohne Druck und Wringen tropft nun der Saft in die darunterstehende Schüssel. Das garantiert ein klares Gelee. Moderne elektrische Saftzentrifugen sind nicht geeignet zur Herstellung von Saft für Gelee; es wird trüb und geliert schlecht.

Marmeladentrichter – Ein Spezialtrichter aus Kunststoff oder Edelstahl mit einem weiten Hals ist im Fachgeschäft erhältlich. So kann man das Kochgut ohne zu kleckern aus dem Topf in Gläser mit relativ enger Öffnung gießen.

Kirschentkerner – Der Handkirschentkerner ist ein kleines Gerät, das das Entkernen enorm erleichtert. Die Früchte werden nicht zerquetscht, und der Saft läuft Ihnen nicht über die Hände. Für größere Mengen gibt es manuell betriebene Maschinchen, die immer zwei Kirschen gleichzeitig entkernen, die anschließend in eine Auffangschale kullern.

Gläser – Saubere Gläser sind unabdingbar beim Einkochen. Man kann die Schraubgläser, die man im Supermarkt kauft, aufheben. Vor der weiteren Verwendung werden sie gründlich gereinigt und sterilisiert. Haben sie schon länger leer im Keller gestanden, sollte man sie vor dem Gebrauch mit heißer Lauge reinigen, mit viel klarem Wasser nachspülen und gut abtrocknen. Mit der Öffnung nach oben in den 140 °C heißen Backofen stellen, 15 Minuten lang sterilisieren, dann kopfüber auf ein sauberes Geschirrtuch stellen, bis sie gebraucht werden. Nach der Kochzeit der zubereiteten Früchte das Ganze noch 15 Minuten im Topf stehen lassen, bevor die Gläser befüllt werden. Die Gläser sollten möglichst noch warm sein.

Seihtuch (auch Käseleinen genannt) oder Mulltücher – Ein sauberes Seihtuch aus zweilagigem Mull ist in großem Format (80 x 80 cm) zum Entsaften nötig, aber auch ideal, um für Samen, Gewürze oder andere Zutaten ein Säckchen daraus zu binden. Das hängt man in den Topf mit den Früchten und entfernt es nach der Kochzeit wieder. Schneiden Sie ein ausreichend großes Quadrat aus dem Stoff. Die Gewürze in die Mitte legen und die vier Zipfel zusammenfassen. Mit einem Stück Bindfaden schließen und das eine Ende des Bindfadens an einem Topfgriff festknoten. Das Säckchen muss sich *im* Kochgut befinden. Am Ende der Kochzeit einfach herausziehen. Seihtücher können in der Waschmaschine gewaschen werden. Vor der Verwendung in der Küche aber noch in heißem Essigwasser ausspülen und auswringen. Mullbindung ist der Leinwandbindung vorzuziehen, weil sie sich nicht so schnell zusetzt.

Verschlüsse – Nach dem Befüllen der Gläser wird ein Stück Pergamentpapier, das zuvor in eine Alkohol-Essig-Lösung getaucht wurde, direkt auf das Kochgut gelegt, bis das Eingekochte vollständig abgekühlt ist. Erst dann verschließen Sie die Gläser endgültig mit Pergamentpapier oder Zellophan, das Sie mit einem Gummiband, Bindfaden oder Geschenkbändchen fixieren. Alternativ können Sie dicht schließende Schraubdeckel verwenden. Für sauer Eingelegtes keine Metalldeckel verwenden! Beschriften Sie die Gläser deutlich mit Inhalt und Datum. In kühlen, dunklen Regalen oder im Vorratsschrank lagern.

Die optimale Temperatur

Die optimale Kochtemperatur von Obst zum Einkochen und zur Herstellung von Gelee und Marmelade liegt bei 105 °C. Messen Sie die Temperatur, wenn die Obstmischung gut durcherhitzt ist, und versuchen Sie, diese Temperatur nach Möglichkeit zu erzielen und zu halten.

Zutaten

Die Qualität von Obst und Gemüse spielt beim Einkochen eine große Rolle – nicht nur geschmacklich. Die Früchte müssen reif, aber noch fest sein. Alle schadhaften Stellen müssen großzügig entfernt werden. Obst und Gemüse, das nicht sofort verwertet werden kann, sollte eingefroren werden. Das gilt auch für saure Orangen, die nicht ganzjährig erhältlich sind. Auch diese kann man einfrieren. Sie verlieren durch das Einfrieren etwas Pektin, darum brauchen Sie eventuell ein wenig mehr Früchte als im Rezept angegeben.

Geliermittel – Damit die Fruchtmasse eindickt, muss sie durch langes Kochen reduziert, oder durch natürliches oder handelsübliches Geliermittel zum Gelieren gebracht werden. Früchte mit hohem natürlichem Pektingehalt brauchen keinen Zusatz von Geliermittel, sofern sie lange gekocht werden und das Pektin sich so auflösen kann. Kocht man Früchte mit hohem Pektingehalt nur kurz, etwa weil man nicht möchte, dass die Fruchtstücke zerfallen, muss man ebenfalls ein Geliermittel zusetzen. In den Rezepten wird in diesen Fällen Gelierzucker verwendet. Sie können jedoch auch mit alternativen Geliermitteln wie Agar-Agar, Flüssigpektin oder anderem arbeiten.
Früchte mit hohem natürlichem Pektingehalt sind zum Beispiel Johannisbeeren, Koch- und Holzäpfel, Preiselbeeren, Pflaumen, Zwetschgen, Schlehen, Stachelbeeren, Zitronen, Limetten, saure Orangen und vor allem Quitten.
Früchte mit mittlerem natürlichem Pektingehalt sind zum Beispiel Tafeläpfel, Aprikosen, Blaubeeren, Brombeeren, Reineclauden, Loganbeere, Pflaumen und Himbeeren.
Früchte mit niedrigem natürlichem Pektingehalt sind zum Beispiel Bananen, Möhren, Kirschen, Feigen, Weintrauben, Patissonkürbis, Melonen, Pfirsiche, Nektarinen, Ananas, Rhabarber und Erdbeeren.

Zucker – Es macht beim Einkochen keinen Unterschied, ob Sie Zucker aus Zuckerrohr oder -rüben verwenden. Rohrohrzucker hat einen leichten Karamellgeschmack. Bei Gelierzucker ist die Qualität 1:1 gemeint. Verwenden Sie keinen Gelierzucker 1:2 oder 1:3, und reduzieren Sie nicht eigenmächtig die Zuckermenge, denn das reduziert auch die Haltbarkeit, und die Marmelade wird bald braun.

Zitronen- und Limettensaft – Beide haben einen hohen Pektingehalt und können schwach gelierenden Früchten als Gelierhilfe beigefügt werden.

Essig – Essig ist ein ausgezeichnetes Konservierungsmittel und essenzieller Bestandteil von Pickles und Chutneys. Verwenden Sie Essig von hoher Qualität, dann sind auch die Säureeigenschaften gut. Achten Sie auch auf die Farbe. Pickles mit hellem Obst und Gemüse sehen am besten in farblosem (Branntweinessig) oder hellem Essig aus, etwa Apfelessig. Der köstliche Balsamico-Essig färbt sehr dunkel. Ein Kompromiss wäre roséfarbener Himbeeressig. Viele Pickles und Chutneys schmecken noch besser, wenn sie mindestens 2 Wochen durchziehen dürfen.

Salz – Speise- oder Kochsalz wird benötigt, um eine starke Salzlake anzurühren, in der Gemüse für Pickles zunächst über Nacht eingelegt wird. Vergessen Sie nicht, die Lake vor der weiteren Verwendung gründlich abzuspülen.

Marmelade besteht aus grob oder fein zerkleinerten Früchten und Zucker, die zusammen zur Haltbarmachung gekocht werden. Diese Köstlichkeit kann man auf Brot, Sandkuchen, als Füllung in Biskuittorten, zu Pudding oder Eis genießen. Der hohe Zuckergehalt verhindert, dass sich Bakterien vermehren können. Aus diesem Grund müssen Produkte mit wenig Zucker im Kühlschrank aufbewahrt und bald verzehrt werden. Mit regulärem Zuckergehalt sind Obstkonserven 2–3 Monate haltbar.

Marmelade

Den in diesem Kapitel vorgestellten Rezepten können andere Geschmacksnoten zugefügt werden. Probieren Sie doch einmal leicht zerstoßene Zitronengrasstängel, Sternanis, Kardamom oder Vanillestangen. In ein Mullsäckchen füllen, beim Kochen in die Früchte hängen und vor dem Abfüllen wieder entfernen.

Erdbeermarmelade

ERGIBT ca. 1,5 kg

1,5 kg reife, einwandfreie Erdbeeren, geputzt und gewaschen

2 frisch gepresste Zitronen, den Saft gesiebt

1,5 kg Zucker

1 TL Butter

Die Erdbeeren mit dem Zitronensaft in einem großen Topf bei geringer Hitze 15–20 Minuten köcheln. Dabei gelegentlich umrühren, bis die Früchte einfallen und sehr weich sind.

Den Zucker zufügen und erhitzen. Gelegentlich umrühren, bis der Zucker sich vollständig aufgelöst hat. Butter zufügen, aufkochen und 10–20 Minuten sprudelnd kochen, bis die Masse eindickt.

8–10 Minuten abkühlen lassen, dann den Schaum abschöpfen. In warme, sterilisierte Gläser füllen und mit Pergamentpapier abdecken. Nach dem Abkühlen mit Zellophan oder Schraubdeckeln verschließen, beschriften und kühl aufbewahren.

Tipp: Weitere Aromen können nach Geschmack zugefügt werden: Lassen Sie 2 leicht zerdrückte Zitronengrasstängel und 4 leicht zerdrückte Kardamomkapseln mitkochen. Vor dem Abfüllen entfernen.

Pikante Blaubeermarmelade

ERGIBT ca. 800 g

700 g Blaubeeren, abgespült

250 ml frisch gepresster Orangensaft

2 ganze Sternanis

1 Zimtstange, leicht zerdrückt

500 g Gelierzucker

Blaubeeren und Orangensaft in einen großen Topf geben. Die Gewürze in ein Mullsäckchen füllen und in das Obst hängen – am Topfgriff befestigen. Bei geringer Hitze 20 Minuten köcheln, bis die Früchte sehr weich sind.

Den Zucker zufügen und weiterköcheln. Dabei gelegentlich umrühren, bis der Zucker sich vollständig aufgelöst hat. Aufkochen und 3 Minuten sprudelnd kochen, dann vom Herd nehmen. Leicht abkühlen lassen.

Die Gewürze entfernen, dann die Marmelade in warme, sterilisierte Gläser füllen und mit Pergamentpapier abdecken. Nach dem Abkühlen mit Zellophan oder Schraubdeckeln verschließen, beschriften und kühl aufbewahren.

Tipp: Statt Zimt und Sternanis können Sie die Marmelade mit einer aufgeschlitzten Vanillestange würzen.

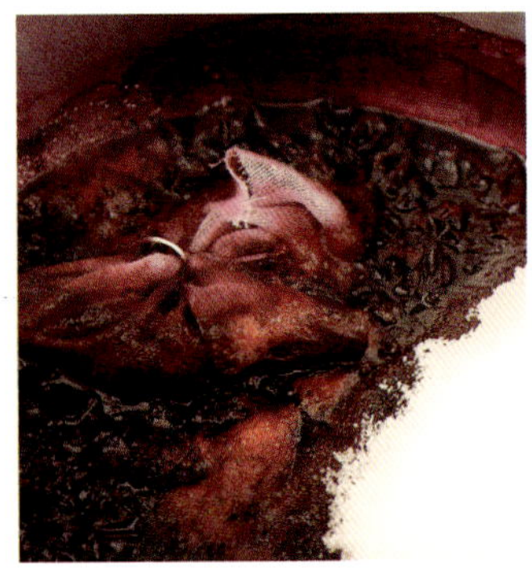

Kirsch-Cognac-Marmelade

Die Kirschen grob zerkleinern und mit dem Zitronensaft in einen großen Topf geben. Bei geringer Hitze und geschlossenem Deckel 20 Minuten köcheln, bis die Kirschen zusammenfallen und sehr weich sind.

Den Zucker zufügen und erhitzen, dabei ständig rühren, bis der Zucker sich vollständig aufgelöst hat. Butter und Cognac zufügen, aufkochen und 3 Minuten sprudelnd kochen.

10 Minuten abkühlen lassen, dann in warme, sterilisierte Gläser füllen und mit Pergamentpapier abdecken. Nach dem Abkühlen mit Zellophan oder Schraubdeckeln verschließen, beschriften und kühl aufbewahren.

Tipp: Statt Cognac können Sie andere Spirituosen verwenden, etwa Orangenlikör, Kirschwasser oder Whisky.

ERGIBT ca. 2,5 kg

1,8 kg dunkle Sauerkirschen (etwa Schattenmorellen), gewaschen und entsteint

125 ml frisch gepresster Zitronensaft

1,25 kg Gelierzucker

1 TL Butter

4 EL Cognac

Pflaumenmarmelade

ERGIBT ca. 2,25 kg

1,5 kg reife, feste helle Pflaumen, gewaschen

400 ml Wasser

1,5 kg Gelierzucker

1 TL Butter

Früchte mit Druckstellen aussortieren. Die guten Früchte halbieren und entsteinen. Einige Steine aufknacken und die inneren Kerne zur Seite legen.

Pflaumen, Kerne und Wasser in einen großen Topf geben. Aufkochen, dann die Hitze reduzieren und 40 Minuten köcheln, bzw. bis alles weich und breiig ist. Den Zucker zufügen und sanft erhitzen, dabei ständig rühren, bis der Zucker sich vollständig aufgelöst hat, dann die Butter zugeben. Aufkochen und 10–15 Minuten sprudelnd kochen, bzw. bis die Masse eindickt.

8 Minuten abkühlen lassen, dann in warme, sterilisierte Gläser füllen und mit Pergamentpapier abdecken. Nach dem Abkühlen mit Zellophan oder Schraubdeckeln verschließen, beschriften und kühl aufbewahren.

Tipp: Für den besonderen Geschmack lassen Sie 6 leicht zerdrückte Kardamomkapseln oder 2–3 leicht zerdrückte Zitronengrasstängel mitkochen.

Pfirsich-Passionsfrucht-Marmelade

ERGIBT ca. 2 kg

1 kg reife, feste Pfirsiche, gewaschen

4 reife Passionsfrüchte

125 ml frisch gepresster Zitronensaft

1 kg Zucker

Die Pfirsiche am Blattansatz kreuzweise einschneiden und in eine große Schüssel legen. Mit kochendem Wasser übergießen und 2–3 Minuten stehen lassen. Abtropfen und etwas abkühlen lassen. Sobald man sie anfassen kann, die Haut abziehen. Die Früchte halbieren und entsteinen, dann in einen großen Topf geben. Die Passionsfrüchte halbieren, das Fruchtfleisch herauskratzen und zu den Pfirsichen geben.

Zitronensaft und Zucker zufügen und bei geringer Hitze 30 Minuten köcheln, bzw. bis die Früchte sehr weich und breiig sind. Aufkochen und 15 Minuten sprudelnd kochen, bzw. bis die Masse eindickt.

10–15 Minuten abkühlen lassen, dann in warme, sterilisierte Gläser füllen und mit Pergamentpapier abdecken. Nach dem Abkühlen mit Zellophan oder Schraubdeckeln verschließen, beschriften und kühl aufbewahren.

Tipp: Passionsfrüchte sind reif und lecker, wenn die Haut faltig ist.

Schnelle Aprikosenmarmelade

Die Aprikosen in eine mikrowellengeeignete Schüssel geben, Zitronensaft und Wasser zugeben, dann mit einem Deckel verschließen und bei 750 Watt 5–6 Minuten garen. Das Obst in einen großen Topf füllen. (Alternativ Aprikosen und Zitronensaft in einem Topf mit schwerem Boden 20–25 Minuten kochen, bzw. bis die Früchte weich sind.)

Zucker zufügen und erhitzen, dabei gelegentlich rühren, bis der Zucker vollständig aufgelöst ist. Die Cranberrys einrühren und aufkochen. 15 Minuten kochen, bis die Masse eindickt. Vom Herd nehmen und 5 Minuten ruhen lassen. Die Mandeln unterrühren.

In warme, sterilisierte Gläser füllen und mit Pergamentpapier abdecken. Nach dem Abkühlen mit Zellophan oder Schraubdeckeln verschließen, beschriften und kühl aufbewahren.

Tipp: Die inneren Kerne der Aprikosensteine können auf Wunsch zugefügt werden. Einige Steine aufknacken, die Kerne herausnehmen und blanchieren, bevor sie zu den Aprikosen gegeben werden.

ERGIBT ca. 3 kg

1,8 kg reife Aprikosen, gewaschen, entsteint und in Stücke geschnitten

125 ml frisch gepresster Zitronensaft

200 ml Wasser

1,8 kg Zucker

50 g getrocknete Cranberrys

50 g gehobelte Mandeln

Melone mit Ingwer

ERGIBT ca. 1,2 kg

1 Galia-Melone,
ca. 500 g ohne Schale

1 großes Stück Wassermelone,
500 g ohne Schale

500 g Zucker

100 ml Zitronensaft

7-cm-Stück frische Ingwerwurzel,
geschält und gerieben

500 g Gelierzucker

Das Melonenfruchtfleisch entkernen und fein würfeln. In eine große Schüssel geben, mit 500 g Zucker bestreuen und mit Zitronensaft übergießen. Abgedeckt über Nacht stehen lassen.

Am nächsten Tag den kompletten Schüsselinhalt in einen großen Topf geben, Ingwer unterrühren und bei geringer Hitze 30 Minuten köcheln, bzw. bis die Früchte sehr weich sind. Den Gelierzucker zufügen und erhitzen. Gelegentlich umrühren, bis der Zucker sich vollständig aufgelöst hat. Aufkochen und 3 Minuten sprudelnd kochen.

Den Topf vom Herd nehmen und 10 Minuten abkühlen lassen. In warme, sterilisierte Gläser füllen und mit Pergamentpapier abdecken. Nach dem Abkühlen mit Zellophan oder Schraubdeckeln verschließen, beschriften und kühl aufbewahren.

Tipp: Vor dem Abfüllen noch etwas in dünne Scheiben eingelegten Ingwer einrühren.

Gelees passen nicht nur zu süßem Weißbrot, auch zu Fleisch- und Gemüsegerichten sind sie eine köstliche Bereicherung. Um Gelees zu kochen, braucht man die Früchte nicht aufwendig vorzubereiten, wenn sie mithilfe eines Seihtuchs entsaftet werden. Die Gesamtzubereitungszeit ist allerdings viel länger als die von Marmelade, weil der Fruchtsaft ganz langsam durch das Seihtuch tropft.

Gelee

Verwenden Sie nach Möglichkeit Obstsorten mit einem natürlich hohen Pektingehalt, oder kombinieren Sie Ihre Lieblingsfrüchte damit.

Kochen Sie die Früchte in Wasser, und beachten Sie dabei, dass mit zunehmender Reife weniger Wasser erforderlich ist. Je langsamer die Früchte garen, desto mehr Saft können Sie gewinnen. Für die Herstellung von Gelee ist eine genaue Mengenbestimmung des Frischobstes schwierig, weil die Reife eine große Rolle spielt. Nach dem Kochen entfernen Sie den Schaum mit einem speziellen Schaumlöffel und füllen das Gelee wie gewohnt ab.

Preiselbeergelee

ERGIBT ca. 1 kg

1 kg frische Preiselbeeren, gewaschen

2 große ungespritzte Orangen aus biologischem Anbau, abgebürstet und in Spalten geschnitten

1 ungespritzte Zitrone aus biologischem Anbau, abgebürstet und in Spalten geschnitten

700 ml Wasser

ca. 500 g Zucker (je nach Saftmenge, siehe Text)

Preiselbeeren, Orangen und Zitrone in einen großen Topf geben. Das Wasser zugeben und aufkochen, dann die Hitze reduzieren und 45 Minuten köcheln, bzw. bis die Beeren sehr weich und breiig sind. Durch ein Seihtuch entsaften.

Wenn der Saft vollständig durchgetropft ist, die Menge abmessen und zurück in den ausgespülten Topf gießen. Auf 500 ml Flüssigkeit 450 g Zucker geben. Bei geringer Hitze ständig rühren, bis der Zucker sich vollständig aufgelöst hat. Aufkochen und 15 Minuten sprudelnd kochen, bzw. bis die Masse eindickt.

Leicht abkühlen lassen und bei Bedarf den Schaum abschöpfen. In warme, sterilisierte Gläser füllen und mit Pergamentpapier abdecken. Nach dem Abkühlen mit Zellophan oder Schraubdeckeln verschließen, beschriften und kühl aufbewahren.

Tipp: Für eine besondere Note 2–3 ganze Nelken mitköcheln. Sie werden beim Entsaften mit abgeseiht.

Ananas-Minze-Gelee

ERGIBT ca. 1 kg

1 große reife Ananas, etwa 800 g ohne Schale

2 Kochäpfel (Boskop oder eine andere pektinreiche Sorte), etwa 500 g

1 l Wasser

einige Zweige frische Minze

ca. 700 g Zucker (je nach Saftmenge, siehe Text)

2 EL gehackte frische Minze

grüne Lebensmittelfarbe (nach Wunsch)

Die Ananas schälen und längs vierteln. Das Fruchtfleisch inklusive des Mittelteils in kleine Stücke schneiden und in einen großen Topf geben. Die Äpfel in Stücke schneiden (mit Schale und Kerngehäuse!) und mit Wasser und Minzezweigen zur Ananas geben. Aufkochen, dann die Hitze reduzieren und 1 Stunde köcheln, bzw. bis die Fruchtstücke sehr weich sind. Etwas abkühlen lassen, dann durch ein Seihtuch entsaften.

Wenn der Saft vollständig durchgetropft ist, die Menge abmessen und zurück in den ausgespülten Topf gießen. Auf 500 ml Flüssigkeit 450 g Zucker geben. Bei geringer Hitze ständig rühren, bis der Zucker sich vollständig aufgelöst hat. Aufkochen und 10–15 Minuten sprudelnd kochen, bzw. bis die Masse eindickt.

Vom Herd nehmen und mindestens 5 Minuten abkühlen lassen. Bei Bedarf Schaum abschöpfen, dann die gehackte Minze und die Lebensmittelfarbe einrühren. In warme, sterilisierte Gläser füllen und mit Pergamentpapier abdecken. Nach dem Abkühlen mit Zellophan oder Schraubdeckeln verschließen, beschriften und kühl aufbewahren.

Tipp: Die Minze können Sie durch einige Zweige frischen Rosmarin oder Basilikum ersetzen. Passt perfekt zu Fleischgerichten.

Erdbeer-Rhabarber-Gelee

Den Rhabarber mit Wasser, Erdbeeren und Ingwer in einem großen Topf 1 Stunde bei geringer Hitze köcheln, bzw. bis die Früchte sehr weich und breiig sind. Durch ein Seihtuch entsaften.

Wenn der Saft vollständig durchgetropft ist, die Menge abmessen und zurück in den ausgespülten Topf gießen. Auf 500 ml Flüssigkeit 450 g Zucker geben. Bei geringer Hitze ständig rühren, bis der Zucker sich vollständig aufgelöst hat. Aufkochen und 10–15 Minuten sprudelnd kochen, bzw. bis die Masse eindickt.

Leicht abkühlen lassen und bei Bedarf Schaum abschöpfen, dann in warme, sterilisierte Gläser füllen und mit Pergamentpapier abdecken. Nach dem Abkühlen mit Zellophan oder Schraubdeckeln verschließen, beschriften und kühl aufbewahren.

Tipp: Wenn die Fruchtmasse frisch abgefüllt wurde, vermeiden Sie das Bewegen oder gar Schütteln der Gläser, denn das kann den Geliervorgang stören.

ERGIBT ca. 2 kg

700 g frischer Rhabarber, geputzt, gewaschen und in kurze Stücke geschnitten

1 l Wasser

1 kg Erdbeeren, geputzt und gewaschen

5-cm-Stück frische Ingwerwurzel, geschält und gewürfelt

ca. 1 kg Zucker (je nach Saftmenge, siehe Text)

Paprika-Chili-Gelee

ERGIBT ca. 700 g

3–5 Chillies, je nach Geschmack

8 rote Paprika, geputzt und grob gewürfelt

2 Kochäpfel (Boskop oder eine andere pektinreiche Sorte), gewaschen und in kleine Stücke geschnitten

125 ml Weißweinessig

1,3 l Wasser

1 EL Koriandersamen, leicht zerdrückt

5-cm-Stück frische Ingwerwurzel, geschält und gerieben

ca. 1 kg Gelierzucker (je nach Saftmenge, siehe Text)

2–3 Chillies halbieren, die Samen entfernen und das Fruchtfleisch würfeln. Chillies, Paprika und Äpfel mit Essig, Wasser, Koriander und Ingwer in einen großen Topf geben. Aufkochen, dann die Hitze reduzieren und 1 Stunde köcheln, bis die Paprika sehr weich sind. Durch ein Seihtuch entsaften.

Wenn der Saft vollständig durchgetropft ist, die Menge abmessen und zurück in den ausgespülten Topf gießen. Auf 500 ml Flüssigkeit 450 g Zucker geben. Von den 1–2 übrigen Chillies die Samen entfernen, das Fruchtfleisch würfeln und zur Seite legen. (Diese Chillies werden nur verwendet, wenn ein sehr scharfes Gelee gewünscht ist.) Bei geringer Hitze ständig rühren, bis der Zucker sich vollständig aufgelöst hat. Aufkochen und 3 Minuten sprudelnd kochen, bzw. bis die Masse eindickt.

5 Minuten abkühlen lassen und eventuell den Schaum abschöpfen. Jetzt nach Wunsch die zusätzlichen Chillies unterrühren. In warme, sterilisierte Gläser füllen und mit Pergamentpapier abdecken. Nach dem Abkühlen mit Zellophan oder Schraubdeckeln verschließen, beschriften und kühl aufbewahren.

Tipp: Das Arbeiten mit Chillies erfordert Sorgfalt. Der Fruchtsaft darf nicht in die Augen oder an andere empfindliche Körperstellen gelangen. Nach der Verarbeitung gründlich die Hände waschen.

Rotweingelee

ERGIBT ca. 700 g

500 g Kochäpfel (Boskop oder eine andere pektinreiche Sorte), grob in Stücke geschnitten

500 ml Wasser

700 ml Rotwein

ca. 700 g Zucker (je nach Saftmenge, siehe Text)

Die Äpfel mit Wasser und Wein in einen großen Topf geben. Aufkochen, dann die Hitze reduzieren und 30 Minuten köcheln, bis die Äpfel sehr weich sind. Durch ein Seihtuch entsaften.

Wenn der Saft vollständig durchgetropft ist, die Menge abmessen und zurück in den ausgespülten Topf gießen. Auf 500 ml Flüssigkeit 450 g Zucker geben. Bei geringer Hitze ständig rühren, bis der Zucker sich vollständig aufgelöst hat. Aufkochen und 15 Minuten sprudelnd kochen, bzw. bis die Masse eindickt.

Etwas abkühlen lassen, dann bei Bedarf den Schaum abschöpfen. In warme, sterilisierte Gläser füllen und mit Pergamentpapier abdecken. Nach dem Abkühlen mit Zellophan oder Schraubdeckeln verschließen, beschriften und kühl aufbewahren.

Tipp: Weingelee kann man auch mit trockenem Weiß- oder Roséwein zubereiten.

Tomatengelee

Tomaten in einen großen Topf geben. Die Orange mit der Schale in Stücke schneiden und zufügen. Das Zitronengras leicht zerdrücken und mit Ingwer, Sternanis, Nelken, Wasser und Essig ebenfalls in den Topf füllen. Bei geringer Hitze 40–50 Minuten mit Deckel köcheln, bzw. bis die Tomaten sehr weich und breiig sind. Vor dem Ensaften im Seihtuch ein wenig abkühlen lassen.

Wenn der Saft vollständig durchgetropft ist, die Menge abmessen und zurück in den ausgespülten Topf gießen. Auf 500 ml Flüssigkeit 450 g Zucker geben. Bei geringer Hitze ständig rühren, bis der Zucker sich vollständig aufgelöst hat. Jetzt das Tomatenmark unterrühren. Aufkochen und 10–20 Minuten sprudelnd kochen, bzw. bis die Masse eindickt.

Mindestens 5 Minuten abkühlen lassen, dann den Schaum abschöpfen. Die beiden zusätzlichen Tomaten unterrühren. In warme, sterilisierte Gläser füllen und mit Pergamentpapier abdecken. Nach dem Abkühlen mit Zellophan oder Schraubdeckeln verschließen, beschriften und kühl aufbewahren.

Tipp: Nach Belieben können Sie zum Schluss mit den beiden zusätzlichen Tomaten noch einige frische Korianderblätter zufügen.

ERGIBT ca. 1,3 kg

1 kg reife, feste Tomaten ohne Druckstellen, gewaschen und gewürfelt

1 große ungespritzte Orange aus biologischem Anbau, gründlich abgebürstet

2 Stängel Zitronengras, grob zerkleinert

5-cm-Stück Ingwerwurzel, geschält und gewürfelt

1–2 ganze Sternanis

3 ganze Nelken

700 ml Wasser

3 EL Weißweinessig

1 kg Zucker (je nach Saftmenge, siehe Text)

2 EL Tomatenmark

2 zusätzliche reife, feste Tomaten, entkernt und gewürfelt

Marmelade aus Zitrusfrüchten wird ähnlich hergestellt wie Marmelade aus anderem Obst. Üblicherweise verwendet man Sorten mit relativ saurem Saft. Auch Bitter- oder Blutorangen eignen sich zum Einkochen. Alle lassen sich gut einfrieren. Dafür werden sie vorher gründlich gewaschen und abgetrocknet und vor dem Verwenden langsam aufgetaut. Süße Orangen kann man mit Zitronen oder Limetten kombinieren.

Zitrone & Co.

Zitrusschalen sind recht hart, darum müssen sie vor der Verwendung eingeweicht oder gekocht werden. Es ist ratsam, Zitrusfrüchte mit einem Sparschälmesser zu schälen, um nicht die bittere weiße Haut zu verwenden. Durch die lange Kochzeit muss man den Früchten mehr Wasser zum Verdampfen beigeben.

Die Frucht-Wasser-Mischung muss auf die Hälfte eingekocht werden, bevor der Zucker eingerührt wird, ansonsten dickt die Masse nicht ein. Experimentieren Sie mit verschiedenen Gewürzen, und kombinieren Sie Zitrusfrüchte mit anderem Obst.

Orangenmarmelade mit Stückchen

ERGIBT ca. 4,5 kg

1,5 kg ungespritzte Orangen aus biologischem Anbau, gründlich abgebürstet

Saft von 2 großen Zitronen

6,5 l Wasser

2,7 kg Zucker

Die Orangen halbieren und auspressen. Alle Kerne in ein Säckchen aus Seihtuch oder Leinen füllen. Die Schale ohne die weiße Haut in sehr kleine Stücke oder dünne Streifen schneiden und mit Orangensaft, Zitronensaft, Wasser und den Kernen in einen großen Topf geben.

1½ Stunden köcheln, bis die Schale sehr weich und die Menge auf die Hälfte eingekocht ist. Das Säckchen herausnehmen und vorsichtig ausdrücken. Den Zucker zugeben und ständig rühren, bis der Zucker sich vollständig aufgelöst hat. Aufkochen und 15 Minuten sprudelnd kochen, bzw. bis die Masse eindickt.

Etwas abkühlen lassen, dann in warme, sterilisierte Gläser füllen und mit Pergamentpapier abdecken. Nach dem Abkühlen mit Zellophan oder Schraubdeckeln verschließen, beschriften und kühl aufbewahren.

Tipp: Saure Orangen lassen sich gut einfrieren. Wenn Sie also nicht den ganzen Jahresbedarf an Orangenmarmelade auf einmal kochen wollen, kaufen Sie Früchte, wenn Sie schöne Ware finden, und frieren Sie sie ein.

Ingwer-Limetten-Marmelade

ERGIBT ca. 1,3 kg

4 ungespritzte Limetten aus biologischem Anbau, gründlich abgebürstet

2 große ungespritzte Zitronen aus biologischem Anbau, gründlich abgebürstet

2-cm-Stück frische Ingwerwurzel, geschält und gewürfelt

1 l Wasser

2 TL gemahlenes Ingwergewürz

ca. 1 kg Zucker (je nach Saftmenge, siehe Text)

120 g eingelegter Ingwer, gewürfelt

Die beiden Enden der Limetten und Zitronen flach abschneiden und wegwerfen. Die Früchte mit dem frischen Ingwer und Wasser in einen großen Topf geben und aufkochen. Die Hitze reduzieren und bei dicht geschlossenem Deckel 1½ Stunden köcheln, bzw. bis die Früchte sehr weich sind.

Leicht abkühlen lassen, dann die Flüssigkeit abgießen, die Menge abmessen und zur Seite stellen. Die Früchte so fein wie möglich würfeln, die Kerne dabei entfernen.

Die zerkleinerten Früchte zurück in den ausgespülten Topf geben, die aufgefangene Flüssigkeit und das Ingwergewürz zufügen. Auf 500 ml Flüssigkeit 450 g Zucker geben. Bei geringer Hitze ständig rühren, bis der Zucker sich vollständig aufgelöst hat. Aufkochen und 15 Minuten sprudelnd kochen, bzw. bis die Masse eindickt.

Vom Herd nehmen und 5 Minuten abkühlen lassen, dann den eingelegten Ingwer einrühren. In warme, sterilisierte Gläser füllen und mit Pergamentpapier abdecken. Nach dem Abkühlen mit Zellophan oder Schraubdeckeln verschließen, beschriften und kühl aufbewahren.

Tipp: Falls die Zitrusfrüchte doch gewachst sind, schrubben Sie sie unter fließendem heißem Wasser mit einer festen Bürste, bis die Schicht entfernt ist.

Zitronen-Orangen-Marmelade

Vor dem Kochen die Hälfte der Früchte mit einem Sparschälmesser schälen (ohne die bittere weiße Haut) und die Schale in feinste Streifen schneiden. Die Schale in einen kleinen Topf geben und knapp mit Wasser bedecken. 30 Minuten köcheln, bzw. bis die Schale weich ist. Abgießen und zur Seite stellen.

Alle Früchte in kleine Spalten schneiden und mit allen Kernen in einen großen Topf geben. Das Wasser zufügen und aufkochen. Die Hitze reduzieren, mit einem dicht schließenden Deckel abdecken und 1½ Stunden köcheln, bzw. bis die Früchte sehr weich sind.

Leicht abkühlen lassen, dann durch ein Seihtuch entsaften. Wenn der Saft vollständig durchgetropft ist, die Menge abmessen und zurück in den ausgespülten Topf gießen. Auf 500 ml Flüssigkeit 450 g Zucker geben. Bei geringer Hitze ständig rühren, bis der Zucker sich vollständig aufgelöst hat. Aufkochen und 15 Minuten sprudelnd kochen, bzw. bis die Masse eindickt.

Wiederum leicht abkühlen lassen und die Schalenstreifen einrühren. In warme, sterilisierte Gläser füllen und mit Pergamentpapier abdecken. Nach dem Abkühlen mit Zellophan oder Schraubdeckeln verschließen, beschriften und kühl aufbewahren.

Tipp: Nach Wunsch können die Schalenstreifen nach dem Kochen mit einem Wiegemesser oder einem großen scharfen Küchenmesser weiter zerkleinert werden.

ERGIBT ca. 1,8 kg

1,5 kg ungespritzte Zitronen und Orangen aus biologischem Anbau, gründlich abgebürstet

700 ml Wasser

ca. 1 kg Zucker (je nach Saftmenge, siehe Text)

Orangen-Mandarinen-Marmelade

ERGIBT ca. 2,25 kg

1,5 kg ungespritzte Orangen aus biologischem Anbau, gründlich abgebürstet

500 g ungespritzte Mandarinen (mit Kernen) aus biologischem Anbau, gründlich abgebürstet

1,4 l Wasser

1,25 kg Zucker

Die Hälfte der Orangen und die Hälfte der Mandarinen mit einem Sparschälmesser dünn schälen und die Schale in feine Streifen schneiden. Die Schale in einen kleinen Topf geben und knapp mit Wasser bedecken. 30 Minuten köcheln, bzw. bis die Schale weich ist. Abgießen und zur Seite stellen.

Die andere Hälfte der Früchte schälen (die weiße Haut entfernen) und halbieren. Die Schale und alle Kerne in ein Stück Seihtuch binden. Das Fruchtfleisch in Stücke schneiden und mit dem Wasser und dem Mullsäckchen in einen großen Topf geben.

Aufkochen, dann die Hitze reduzieren, mit einem dicht schließenden Deckel abdecken und 1 Stunde köcheln, bzw. bis die Früchte sehr weich sind. Das Mullsäckchen herausnehmen und den Inhalt wegwerfen. Den Zucker zugeben und bei geringer Hitze ständig rühren, bis er sich vollständig aufgelöst hat. Aufkochen und 15 Minuten sprudelnd kochen, bzw. bis die Masse eindickt.

5–8 Minuten abkühlen lassen, dann die Schalenstreifen einrühren. In warme, sterilisierte Gläser füllen und mit Pergamentpapier abdecken. Nach dem Abkühlen mit Zellophan oder Schraubdeckeln verschließen, beschriften und kühl aufbewahren.

Tipp: Für dieses Rezept können Sie auch Grapefruits oder Blutorangen verwenden.

Orangen-Kürbis-Marmelade

ERGIBT ca. 2,25 kg

1 kg aromatischer Kürbis, etwa Butternuss oder Hokkaido, geschält und gewürfelt

6 ungespritzte Blutorangen aus biologischem Anbau, gründlich abgebürstet

125 ml frisch gepresster Zitronensaft

2-cm-Stück frische Ingwerwurzel, geschält und gerieben

2 Chillies, entkernt und fein zerkleinert

1 l Wasser

1,25 kg Zucker

Den Kürbis in einen großen Topf mit dicht schließendem Deckel legen. Zwei der ungeschälten Orangen in dünne Scheiben schneiden (Kerne aufheben) und ebenfalls in den Topf geben. Die übrigen Orangen schälen, das Fruchtfleisch in Stücke schneiden und mit Zitronensaft, Ingwer und Chillies zum Kürbis geben. Die Kerne in ein Mullsäckchen füllen, in den Topf hängen und mit dem Wasser aufgießen.

Aufkochen, dann die Hitze reduzieren und mit geschlossenem Deckel 1 Stunde köcheln, bzw. bis Kürbis und Orangen sehr weich sind. Das Mullsäckchen herausnehmen, die Kerne wegwerfen. Den Zucker zugeben und bei geringer Hitze ständig rühren, bis er sich vollständig aufgelöst hat. Aufkochen und 15 Minuten sprudelnd kochen, bzw. bis die Masse eindickt.

Eventuell Schaum abschöpfen, dann 10 Minuten abkühlen lassen. In warme, sterilisierte Gläser füllen und mit Pergamentpapier abdecken. Nach dem Abkühlen mit Zellophan oder Schraubdeckeln verschließen, beschriften und kühl aufbewahren.

Tipp: Diese Marmelade passt wunderbar zu Fleisch- und Käsegerichten. Eventuell vor dem Servieren etwas erwärmen.

Kiwi-Orangen-Marmelade

Die Orangen sehr dünn schälen und die Schale zur Seite stellen. Die Orangen halbieren und auspressen. Alle Kerne mit dem Ingwer in ein Mullsäckchen füllen. Die Orangenschale in feine Streifen schneiden und in einen großen Topf geben. Kiwis, Wasser, Orangensaft und die Kerne zufügen.

Aufkochen, dann die Hitze reduzieren und 1 Stunde köcheln, bzw. bis Schale und Früchte sehr weich sind. Das Mullsäckchen herausnehmen, den Inhalt wegwerfen.

Den Zucker zugeben und bei geringer Hitze ständig rühren, bis er sich vollständig aufgelöst hat. Die Butter einrühren. Aufkochen und 15 Minuten sprudelnd kochen, bzw. bis die Masse eindickt.

Leicht abkühlen lassen, dann in warme, sterilisierte Gläser füllen und mit Pergamentpapier abdecken. Nach dem Abkühlen mit Zellophan oder Schraubdeckeln verschließen, beschriften und kühl aufbewahren.

Tipp: Freunde von Ingwer können nach dem Eindicken noch etwas klein geschnittenen eingelegten Ingwer unter die Marmelade rühren.

ERGIBT ca. 1 kg

1,5 kg ungespritzte Orangen aus biologischem Anbau, gründlich abgebürstet

5-cm-Stück frische Ingwerwurzel, geschält und gehackt

6 Kiwis, geschält und fein gewürfelt

1,4 l Wasser

1,8 kg Zucker

1 TL Butter

Curds – so nennt man in Großbritannien eine Art von Eingemachtem, für die es hierzulande keine Entsprechung gibt. Als Curd bezeichnet man eine Süßspeise mit der Konsistenz einer Creme, die Eier, Zucker sowie die Schale und den Saft einer Frucht enthält. Das Ganze wird im Wasserbad zubereitet, bis die Eier gar sind und die Mischung dick und cremig ist. Man serviert Curds zu festem Gebäck wie Scones oder Muffins, als schnelle Füllung für Tarteletts oder einfach pur als Dessert.

Curds und Mus

Ungeöffnet sind Curds sehr gut haltbar, nach dem Öffnen müssen sie kühl gelagert und innerhalb eines Monats verzehrt werden.

In England bezeichnet man aufwendig zubereitetes Fruchtmus mit viel Zucker und Gewürzen als *butter* – obwohl sie keinerlei Butter enthalten. Es ist eine Art Mischung aus Gelee und Mus, die üblicherweise aus Äpfeln, Quitten und schwarzen Johannisbeeren besteht.

Lemon Curd – der Klassiker

ERGIBT ca. 700 g

4 ungespritzte Zitronen aus biologischem Anbau, gründlich abgebürstet und abgetrocknet

4 Eier, verquirlt

8 EL Butter, in Flocken

500 g Zucker

Die Schale der Zitronen fein abreiben, dann die Früchte auspressen. Schale und Saft in eine feuerfeste Schüssel geben, dann Eier, Butter und Zucker unterrühren.

Ins heiße Wasserbad stellen. Der Boden der Schüssel darf nicht den Boden des Topfes berühren. Ständig rühren, bis der Zucker sich vollständig aufgelöst hat. Weitergaren, dabei gelegentlich umrühren, bis die Mischung eindickt und von der Wölbung eines Löffels zäh heruntertropft.

In warme, sterilisierte Gläser füllen und mit Pergamentpapier abdecken. Nach dem Abkühlen mit Zellophan oder Schraubdeckeln verschließen, beschriften und kühl aufbewahren. Innerhalb von 3 Monaten verbrauchen. Nach dem Öffnen im Kühlschrank lagern.

Tipp: Ein Tortenboden mit Lemon Curd (aus Limetten!) und einer dicken Baiserschicht: Fertig ist ein Key Lime Pie, die ultimative Sommerspezialität aus Florida.

Apple Butter (Apfelgelee)

ERGIBT ca. 1 kg

1,5 kg Kochäpfel (Boskop oder eine andere pektinreiche Sorte)

1 l lieblicher Cidre (oder Apfelsaft)

125 ml Wasser

125 ml Zitronensaft

2 EL abgeriebene Zitronenschale

2 Zimtstangen, leicht zersplittert

ca. 500 g Zucker (je nach Musmenge, siehe Text)

Die Äpfel in kleine Stücke schneiden (inklusive Schale und Kerngehäuse). Druckstellen herausschneiden. In einen großen Topf geben, dann Cidre (oder Apfelsaft), Wasser, Zitronensaft, Zitronenschale und Zimt zufügen. Aufkochen, dann die Hitze reduzieren und 30 Minuten köcheln, bis die Äpfel zerkocht sind. Zwischendurch umrühren. Die Zimtstangen herausnehmen und wegwerfen. Die Apfelmischung passieren, dann abmessen und wieder in den ausgespülten Topf füllen. Auf 500 ml Mus 300 g Zucker geben. Bei geringer Hitze ständig rühren, bis der Zucker sich vollständig aufgelöst hat. Weitere 15–20 Minuten kochen, bzw. bis die Masse cremig ist.

In warme, sterilisierte Gläser füllen und mit Pergamentpapier abdecken. Nach dem Abkühlen mit Zellophan oder Schraubdeckeln verschließen, beschriften und kühl aufbewahren.

Tipp: An einem kühlen dunklen Ort bis zu 3 Monate haltbar. Nach dem Öffnen im Kühlschrank lagern und innerhalb von 10 Tagen verzehren. Statt Kochäpfeln können Holzäpfel oder Fallobst verwendet werden. Holzäpfel müssen jedoch 1 Stunde köcheln. Zimt kann man durch frische Ingwerwurzel ersetzen.

Pflaumenmus

Pflaumen und Wasser in einem großen Topf aufkochen. Die Hitze reduzieren und 40–50 Minuten köcheln, bis die Pflaumen sehr weich sind und zusammenfallen. Etwas abkühlen lassen, dann passieren und die Musmenge abmessen. Wieder in den ausgespülten Topf füllen.

Orangenschale, Saft und Zimt zufügen und 10 Minuten leicht kochen. Auf 500 ml Mus 300 g Zucker geben. Bei geringer Hitze häufig rühren, bis der Zucker sich vollständig aufgelöst hat. Aufkochen und weiterköcheln, bis die Masse eindickt und cremig ist.

In warme, sterilisierte Gläser füllen und mit Pergamentpapier abdecken. Nach dem Abkühlen verschließen und beschriften. Dieses Pflaumenmus ist an einem kühlen dunklen Ort bis zu 3 Monate haltbar. Nach dem Öffnen im Kühlschrank lagern und innerhalb von 2 Wochen verzehren.

Tipp: Beim ersten Kochen können Sie einige Zweige frischen Rosmarin, Thymian oder Salbei zu den Pflaumen geben. Vor dem Passieren entfernen. So passt das Mus noch besser zu kalten und warmen Fleichgerichten.

ERGIBT ca. 700 g

1,5 kg reife Pflaumen, gewaschen, entsteint und halbiert

500 ml Wasser

2 EL abgeriebene Orangenschale

250 ml frisch gepresster Orangensaft

1 1/2 TL gemahlener Zimt

ca. 1 kg Zucker (je nach Musmenge, siehe Text)

Curd aus Apfel und Orange

ERGIBT ca. 700 g

500 g Kochäpfel (Boskop oder eine andere pektinreiche Sorte), geschält, Kerngehäuse entfernt, in Stücke geschnitten

125 ml Wasser

2 große ungespritzte Orangen aus biologischem Anbau, gründlich abgebürstet

2 Eier, verquirlt

8 EL Butter, in Flocken

100 g Feinzucker

3–4 ganze Nelken

Die Äpfel mit dem Wasser in einen großen Topf geben und 10–12 Minuten kochen, bzw. bis die Apfelstücke weich und luftig sind. Vom Herd nehmen und zu Mus verrühren, dann passieren. Das Apfelmus in eine feuerfeste Schüssel füllen und ins heiße Wasserbad setzen.

Von einer Orange die Schale fein abreiben, dann den Saft aus beiden Orangen pressen. Es werden 125 ml benötigt. Den Saft mit Eiern, Butter, Zucker und Nelken unter das Mus rühren. Im heißen Wasserbad unter ständigem Rühren erhitzen, bis Butter und Zucker sich vollständig aufgelöst haben.

Das Ganze weitergaren, gelegentlich umrühren, bis die Mischung eindickt und cremig ist. Die Nelken herausnehmen und wegwerfen. Den Curd in warme, sterilisierte Gläser füllen und mit Pergamentpapier abdecken. Nach dem Abkühlen verschließen, beschriften und kühl und dunkel aufbewahren.

Tipp: Experimentieren Sie mit anderen Zitrusfrüchten, und ersetzen Sie die Nelken durch Zimt, Sternanis oder durch das Fruchtfleisch von 2 reifen Passionsfrüchten.

Aprikosen-Passionsfrucht-Mus

ERGIBT ca. 1 kg

700 g reife Aprikosen, gewaschen und entsteint

125 ml frisch gepresster Orangensaft

500 ml Wasser

1 TL Lebkuchengewürz

3 reife Passionsfrüchte

ca. 150 g Zucker

Die Aprikosen mit Orangensaft und Wasser in einen großen Topf geben. Aufkochen, dann Hitze reduzieren, mit einem dichten Deckel verschließen und 45 Minuten köcheln, bzw. bis die Aprikosen sehr weich sind und zu Mus zerfallen. Während des Kochvorgangs darf keine Flüssigkeit verdunsten. Sollte es doch geschehen, die Hitze weiter reduzieren und etwas Wasser nachfüllen. Leicht abkühlen lassen, dann passieren.

Das passierte Fruchtmus wieder in den ausgespülten Topf füllen. Lebkuchengewürz, Samen und Fruchtfleisch der Passionsfrüchte sowie Zucker unterrühren. Erhitzen und ständig rühren, bis der Zucker sich vollständig aufgelöst hat. Die Hitzezufuhr erhöhen und unter regelmäßigem Rühren kochen, bis die Masse eindickt und cremig ist. Eventuell noch nachsüßen. In diesem Fall noch so lange kochen und rühren, bis auch dieser Zucker vollständig aufgelöst ist.

5 Minuten abkühlen lassen, dann in warme, sterilisierte Gläser füllen und mit Pergamentpapier abdecken. Nach dem Abkühlen verschließen, beschriften und kühl und dunkel aufbewahren.

Tipp: Die Aprikosen können Sie problemlos durch Mangos, Papayas oder andere weiche Früchte ersetzen.

Chutneys, Pickles und Relishes sind saucen- oder salatähnliche Beilagen zu Fleisch – besonders zu gegrilltem –, Gemüse oder auch Brot. Mit den richtigen Rezepten kann man sämtliches Gemüse aus dem Garten verwerten. Ferner enthalten sie Gewürze, frisches oder getrocknetes Obst sowie Zucker und Essig zum Haltbarmachen. Chutneys schmecken am besten, wenn man sie zunächst 2–4 Wochen durchziehen lässt. Relishes schmecken dagegen schon am Tag der Zubereitung. Pickles sind knackige Gemüsestücke,

Chutneys, Pickles und Relishes

die zunächst in Salzlake eingelegt werden. Die Lake muss vor der weiteren Zubereitung gut abgespült werden. Im nächsten Schritt wird das Gemüse mit Essig, Aromen und Zucker verfeinert.

Sammeln Sie hierfür Gläser mit breiten Öffnungen, damit auch größere Gemüsestücke leicht eingefüllt werden können.

Apfel-Zwiebel-Chutney

ERGIBT ca. 1,8 kg

1 kg Kochäpfel (Boskop oder eine andere pektinreiche Sorte), geschält, Kerngehäuse entfernt, zerkleinert

500 g Zwiebeln, gewürfelt

500 g reife Pflaumen, gewaschen, entsteint, grob gewürfelt

Schale und Saft von 2 ungespritzten Zitronen aus biologischem Anbau, gründlich abgebürstet

300 g frische Preiselbeeren, ersatzweise 200 g getrocknete Cranberrys oder Rosinen

500 g Rohrzucker

4 Kiwis, geschält und in Scheiben geschnitten

400 ml Essig

2 EL Balsamico-Essig

Äpfel, Zwiebeln und Pflaumen mit Zitronenschale, -saft sowie Preiselbeeren in einen großen Topf geben. Zugedeckt bei geringer Hitze 12 Minuten köcheln, dabei regelmäßig rühren, bis die Preiselbeeren aufplatzen.

Alle übrigen Zutaten einrühren und sanft erhitzen. Gelegentlich rühren, bis der Zucker sich vollständig aufgelöst hat. Aufkochen, dann die Hitze reduzieren und 35–40 Minuten köcheln, bis die Masse eindickt.

Vom Herd nehmen und leicht abkühlen lassen, dann in warme, sterilisierte Gläser füllen. Mit Zellophan oder Glasdeckeln verschließen, beschriften und kühl aufbewahren.

Tipp: Bei der Zubereitung von Chutneys und Pickles sollten Sie unbedingt Kochgeschirr aus Edelstahl oder Emaille verwenden. In Töpfen aus Eisen kann die Speise wegen der Verwendung von Essig einen Metallgeschmack annehmen.

Bananen-Mango-Chutney

ERGIBT ca. 1,8 kg

500 g Kochäpfel (Boskop oder eine andere pektinreiche Sorte), geschält, Kerngehäuse entfernt, in kleine Stücke geschnitten

2–3 große Mangos (geschält ca. 500 g), gewürfelt

350 g Zwiebeln, gewürfelt

3–4 Knoblauchzehen, zerdrückt

1 rote Chili, entkernt und gewürfelt

6 große reife, aber feste Bananen, in kleine Stücke geschnitten

300 g Rohrzucker

200–250 g ungezuckerte Datteln, zerkleinert

1 TL gemahlener Zimt

500 ml Essig

evtl. 100 ml Essig zusätzlich

Alle Zutaten (bis auf den zusätzlichen Essig) in einen großen Topf geben und erhitzen. Regelmäßig rühren, bis der Zucker sich vollständig aufgelöst hat.

Aufkochen, dann die Hitze reduzieren und 45 Minuten köcheln, bis die Masse eindickt. Wird das Chutney zwischendurch zu fest, noch etwas Essig zugießen.

Vom Herd nehmen und leicht abkühlen lassen, dann in warme, sterilisierte Gläser füllen. Mit Zellophan oder Glasdeckeln verschließen, beschriften und kühl aufbewahren.

Tipp: Verwenden Sie keine weichen Bananen, sonst könnte die Konsistenz des fertigen Chutneys zu breiig werden.

Scharfes Tomaten-Chutney

ERGIBT ca. 2,5 kg

1,5 kg reife, aber feste Tomaten, gewaschen und gewürfelt

500 g Kochäpfel (Boskop oder eine andere pektinreiche Sorte), geschält, Kerngehäuse entfernt, in kleine Stücke geschnitten

500 g rote Zwiebeln, gewürfelt

1 ganzer Stangensellerie, geputzt und zerkleinert (Blätter wegwerfen)

1 grüne Jalapeño-Chili, entkernt und gewürfelt

700 g Zucker

1 TL Koriandersamen, leicht zerrieben

125 ml Wasser

500 ml Essig

4 EL Balsamico-Essig

200 g helle Rosinen

Tomaten, Äpfel, Zwiebeln, Sellerie, Chili und Zucker in einen großen Topf geben. Die Koriandersamen in ein Mullsäckchen füllen und mit dem Wasser zu den übrigen Zutaten geben. Bei geringer Hitze 30 Minuten köcheln, dabei gelegentlich umrühren, bis die Tomaten und Äpfel zerfallen.

Essig und Rosinen zufügen und aufkochen, dann die Hitze reduzieren und 35–45 Minuten köcheln, bis die Masse eindickt.

Leicht abkühlen lassen, die Koriandersamen entfernen, dann das Chutney in warme, sterilisierte Gläser füllen. Mit Zellophan oder Glasdeckeln verschließen, beschriften und kühl aufbewahren.

Tipp: Für dieses Rezept eignen sich auch grüne Tomaten. Den Koriander kann man durch frische Ingwerwurzel ersetzen.

Mixed Pickles

ERGIBT ca. 3 kg

2 kg gemischtes Gemüse, z.B. Blumenkohl, Möhren, Silberzwiebeln, Stangensellerie, Gurke, alles in kleine Stücke geschnitten

6 Knoblauchzehen, zerdrückt

125 g Salz

1 l kochendes Wasser

200 g Zucker

1 TL Senfpulver, ersatzweise 1 EL scharfer Senf

1 TL gemahlene Kurkuma

1 l Essig

5-cm-Stück frische Ingwerwurzel, geschält und gerieben

3 EL Mehl

Gemüse und Knoblauch in eine große Schüssel geben. In einer zweiten Schüssel das Salz im kochenden Wasser auflösen, dann über das Gemüse gießen. Abgedeckt 24 Stunden stehen lassen.

Am nächsten Tag die Salzlake abgießen und das Gemüse gründlich mit klarem Wasser abspülen. Das Gemüse abtropfen lassen, in einen großen Topf geben und zur Seite stellen. Zucker, Senfpulver und Kurkuma vermischen, dann mit der Hälfte des Essigs vermengen. Über das Gemüse gießen, dann den Ingwer unterrühren und das Ganze aufkochen. Die Hitze reduzieren und 20 Minuten köcheln, bis das Gemüse weich, aber innen noch bissfest ist.

Mehl mit restlichem Essig verrühren und über das Gemüse gießen. Unter ständigem Rühren 5 Minuten kochen, bis die Flüssigkeit eindickt.

Vom Herd nehmen, 5 Minuten abkühlen lassen, dann in warme, sterilisierte Gläser füllen. Mit Zellophan oder Glasdeckeln verschließen, beschriften und kühl aufbewahren.

Tipp: Für eine mildere Variante des Rezepts ersetzen Sie Senfpulver und Kurkuma durch 1 Esslöffel gemahlenen Zimt, 2 Teelöffel Lebkuchengewürz und 1 Teelöffel gemahlene Nelken.

Birnen-Sellerie-Relish

ERGIBT ca. 2,5 kg

200 g Zucker

250 ml Weißweinessig

500 ml Wasser

1 kg reife, aber feste Birnen, geschält, Kerngehäuse entfernt, gewürfelt

1 Sellerieknolle, ca. 500 g, geschält und fein gewürfelt

250 g Möhren, grob geraspelt

500 g Zwiebeln, fein gewürfelt

5-cm-Stück frische Ingwerwurzel

2 Zimtstangen, leicht zerdrückt

150 g getrocknete Cranberrys

Zucker, Essig und Wasser in einen großen Edelstahltopf geben und köcheln, bis der Zucker sich vollständig aufgelöst hat. Birnen, Sellerie, Möhren und Zwiebeln zufügen.

Ingwer und Zimt in ein Mullsäckchen füllen und in den Topf hängen. Die Obst-Gemüse-Mischung 30 Minuten köcheln, dann die Cranberrys unterrühren. Weitere 20 Minuten köcheln, bis die Masse eindickt.

Leicht abkühlen lassen, dann in warme, sterilisierte Gläser füllen. Mit Zellophan oder Glasdeckeln verschließen, beschriften und kühl aufbewahren.

Tipp: Falls Sie statt der getrockneten Cranberrys frische Preiselbeeren verwenden möchten, werden sie gleich zu Beginn zusammen mit den Birnen in den Topf gegeben.

Blaubeer-Relish

Blaubeeren, Äpfel, Zwiebeln, Paprika und Rosmarin in einen großen Edelstahltopf geben. 200 g Zucker zufügen (den Rest eventuell später zufügen, falls es nicht süß genug sein sollte), dann den Weißweinessig einrühren und aufkochen. Die Hitze reduzieren und zugedeckt 30 Minuten köcheln, bzw. bis die Masse eindickt. Falls zu viel Flüssigkeit verdampft, etwas Wasser zugeben und die Hitze weiter reduzieren.

Die Rosmarinzweige herausnehmen und wegwerfen. Den Balsamico-Essig einrühren und weitere 5 Minuten kochen.

Leicht abkühlen lassen, dann in warme, sterilisierte Gläser füllen. Mit Zellophan oder Glasdeckeln verschließen, beschriften und kühl aufbewahren.

Tipp: Sie können dem Relish weiteres Obst zufügen, etwa getrocknete Feigen oder rote Johannisbeeren (plus etwas mehr Zucker).

ERGIBT ca. 1,3 kg

1 kg Blaubeeren, abgespült

2 große Kochäpfel (Boskop oder eine andere pektinreiche Sorte), geschält, Kerngehäuse entfernt und fein gewürfelt

300 g Zwiebeln, fein gewürfelt

1 große oder 2 kleine rote Paprika, entkernt, gewürfelt

2–3 frische Rosmarinzweige

200–250 g Zucker, je nach Geschmack

250 ml Weißweinessig

3 EL Balsamico-Essig

Melonen-Pickles

ERGIBT ca. 1 kg

500 g Honigmelonenschale, fein gewürfelt

2 EL Salz

500 ml sehr heißes Wasser

700 ml Wasser zusätzlich

3 ganze Sternanis

6 Kardamomkapseln, leicht zerdrückt

2 ganze Nelken

500 g Zucker

250 g getrocknete Aprikosen, fein gewürfelt

100 ml Wasser

Die Melonenschale in einen großen Topf geben. In einer hitzebeständigen Schüssel das Salz in dem sehr heißen Wasser auflösen, dann über die Schale gießen. Abgedeckt 30 Minuten ruhen lassen, anschließend alles aufkochen und 30 Minuten köcheln. Abgießen und mit klarem Wasser abspülen, wieder in den Topf geben und mit dem zusätzlichen Wasser übergießen. Aufkochen und 10 Minuten kochen. Vom Herd nehmen und über Nacht stehen lassen.

Am nächsten Tag die Melonenschale abseihen und zurück in den Topf füllen. Die Gewürze in ein Mullsäckchen füllen und mit Zucker und Aprikosen zur Schale geben.

Mit 100 ml Wasser 1 Stunde bei geringer Hitze köcheln, bzw. bis die Schale transparent wird. Die Gewürze entfernen. Die Schale in warme, sterilisierte Gläser füllen. Mit Zellophan oder Glasdeckeln verschließen, beschriften und kühl aufbewahren.

Tipp: Melonen-Pickles sind eine ausgezeichnete Beilage zu geräuchertem Schinken oder Lachs sowie zu gebratener Entenbrust.

Einkochen

Obst und Gemüse werden seit Jahrhunderten durch Einkochen konserviert und lassen sich in der Küche vielseitig verwenden. Unter Eingekochtem versteht man Obst oder Gemüse, das unter Zugabe von Zucker oder Essig gekocht und auf diese Weise lange haltbar gemacht wird. Das Kochgut wird in sterilisierte Gläser gefüllt, gut verschlossen und in einem kühlen, dunklen Schrank aufbewahrt. Ganz wichtig ist, dass die Früchte reif, aber nicht überreif, also zu weich sind. Außerdem sollten sie so frisch wie möglich sein, wie die eigene Ernte aus dem Garten. Früchte mit Druckstellen können noch verwendet werden, sofern alles Schadhafte großzügig herausgeschnitten wird.

Mit Eingekochtem kann man auch auf die Schnelle eine schmackhafte Beilage oder ein leckeres Dessert zaubern.

Eingekochte Mango

ERGIBT ca. 1,5 kg

4 reife Mangos, ca. 1 kg, geschält und fein gewürfelt

1–2 rote Chillies, entkernt und gehackt

5-cm-Stück frische Ingwerwurzel, geschält und gerieben

abgeriebene Schale und Saft von 2 ungespritzten Zitronen aus biologischem Anbau, gründlich abgebürstet

500 ml Wasser

500 g Rohrohrzucker

150 g helle Rosinen

2–3 EL Balsamico-Essig

Mangos, Chillies und Ingwer in einen großen Topf geben. Zitronenschale, -saft und Wasser zugießen und verrühren. Aufkochen und 20 Minuten köcheln.

Den Zucker zugeben und unter ständigem Rühren erhitzen, bis er sich vollständig aufgelöst hat. Aufkochen und 10 Minuten kochen, bis die Masse eindickt. Die Rosinen sowie den Essig einrühren und weitere 5 Minuten kochen.

Etwas abkühlen lassen, dann in warme sterilisierte Gläser füllen und mit Pergamentpapier abdecken. Nach dem Abkühlen mit Zellophan oder Glasdeckeln verschließen, beschriften und kühl aufbewahren.

Tipp: Geben Sie den Mangos eine andere Note, indem Sie Chillies und Ingwer durch 2 Vanillestangen oder 4 Sternanis, 6 leicht zerdrückte Kardamomkapseln und 2 ganze Nelken ersetzen. Gewürze immer in einem Mullsäckchen mitkochen und vor dem Abfüllen entfernen.

Rote Bete süßsauer

ERGIBT ca. 2,5 kg

1 kg Rote Bete, geschält und fein gewürfelt

250 g Zwiebeln, fein gewürfelt

500 g Kochäpfel (Boskop oder eine andere pektinreiche Sorte), geschält, Kerngehäuse entfernt und fein gewürfelt

abgeriebene Schale und Saft von 2 großen ungespritzten Orangen aus biologischem Anbau, gründlich abgebürstet

700 ml Essig

250 ml Wasser

500 g Zucker

150 g Korinthen

Rote Bete mit Zwiebeln, Äpfeln, Orangenschale und -saft in einen großen Topf geben. Essig und Wasser zugießen und das Ganze aufkochen. Die Hitze reduzieren und 15 Minuten köcheln.

Den Zucker zufügen und unter ständigem Rühren erhitzen, bis er sich vollständig aufgelöst hat, dann die Korinthen einrühren. Weitere 30 Minuten köcheln, bis die Rote Bete weich ist.

Leicht abkühlen lassen, dann in warme sterilisierte Gläser füllen und mit Pergamentpapier abdecken. Nach dem Abkühlen mit Zellophan oder Glasdeckeln verschließen, beschriften und kühl aufbewahren.

Tipp: Die Korinthen kann man durch Kirschen aus dem Glas oder – ganz süß – gehackte Cocktail-Kirschen ersetzen.

Rote Grütze

Alle Beeren mit Zitronensaft und Zucker in einen großen Topf geben. Langsam erhitzen, dabei gelegentlich rühren, bis der Zucker sich vollständig aufgelöst hat. Die Butter einrühren. Den Gelierzucker zugeben und unter Rühren weiter erhitzen, bis dieser sich vollständig aufgelöst hat.

Das Ganze aufkochen und 3 Minuten sprudelnd kochen, dann vom Herd nehmen.

Leicht abkühlen lassen und eventuell Schaum abschöpfen. In warme sterilisierte Gläser füllen und mit Pergamentpapier abdecken. Nach dem Abkühlen mit Zellophan oder Schraubdeckeln verschließen, beschriften und kühl aufbewahren.

Tipp: Die frischen Früchte dürfen keine Druckstellen oder dunklen Flecken aufweisen. Himbeeren auf Würmer kontrollieren.

ERGIBT ca. 2 kg

1 kg frische gemischte Beeren, etwa Erdbeeren, Himbeeren, Brombeeren, Blaubeeren, geputzt und abgespült

3 EL Zitronensaft

500 g Zucker

1 TL Butter

500 g Gelierzucker

Himbeer-Apfel-Kompott

ERGIBT ca. 1 kg

600 g Kochäpfel (Boskop oder eine andere pektinreiche Sorte), geschält, Kerngehäuse entfernt, gewürfelt

600 g frische reife Himbeeren, abgespült

200 ml Zitronensaft

500 g Gelierzucker

Alle Zutaten in eine große Rührschüssel geben, dicht verschließen und über Nacht ziehen lassen.

Am nächsten Tag umrühren und die Mischung in einen großen Topf füllen. Aufkochen und unter gelegentlichem Rühren 4 Minuten sprudelnd kochen. Vom Herd nehmen und 5 Minuten abkühlen lassen. In warme sterilisierte Gläser füllen und mit Pergamentpapier abdecken. Nach dem Abkühlen mit Zellophan oder Schraubdeckeln verschließen, beschriften und kühl aufbewahren. Nach dem Öffnen im Kühlschrank aufbewahren und innerhalb von 10 Tagen verzehren.

Tipp: Ersetzen Sie die Himbeeren nach Belieben durch Brombeeren und den Zitronensaft durch Orangensaft.

Süßsaurer Paprikatopf

ERGIBT ca. 1,5 kg

500 g Kochäpfel (Boskop oder eine andere pektinreiche Sorte), geschält, Kerngehäuse entfernt, gewürfelt

500 g Zwiebeln, in dünne Scheiben geschnitten

3–4 Knoblauchzehen, zerdrückt

2–4 Chillies, entkernt und in feine Streifen geschnitten

1 kg Paprika in verschiedenen Farben, geputzt und fein gewürfelt

500 g Zucker

1–3 TL Tabasco, nach Belieben

100 ml Wasser

250 ml Rotweinessig

70 ml Balsamico-Essig

Die Äpfel mit Zwiebeln, Knoblauch, Chillies und Paprika in einen großen Topf geben. Mit Zucker bestreuen und mit Tabasco würzen, falls gewünscht. Mit dem Wasser bei geringer Hitze 15 Minuten köcheln, dabei regelmäßig umrühren, bis die Äpfel und Zwiebeln weich werden.

Beide Essigsorten zugießen und 40 Minuten köcheln, bis die Masse eindickt und die Flüssigkeit weitgehend verdampft ist. Eventuell mit zusätzlichem Zucker abschmecken und noch so lange unter Rühren erhitzen, bis auch dieser Zucker sich vollständig aufgelöst hat.

Vom Herd nehmen und 5 Minuten abkühlen lassen. In warme sterilisierte Gläser füllen und mit Pergamentpapier abdecken. Nach dem Abkühlen mit Zellophan oder Glasdeckeln verschließen, beschriften und kühl aufbewahren.

Tipp: Für ein scharfes Relish wählen Sie eine schärfere Chilisorte oder schmecken Sie mit mehr Tabasco ab.

Register